AF481894

A Carlacho, Manu y Güicho

Título: Un buen terrícola, 2024
© Susi Barreto, del texto
© María Sucre, de las ilustraciones

Revisión de estilo: Linsabel Noguera
Dirección de arte: Rosana Faría
Diseño: María Sucre
Asesoría editorial: Elisabel Rubiano / Alberto Blanco-Dávila -Explora Ediciones-
Impresión: Altolitho, C.A. Caracas, Venezuela

Depósito legal: CA2023000129
ISBN: 978-980-18-3849-4

@unbuenterricola / @provita_ong / @explora_projects

UN BUEN TERRÍCOLA

Susi Barreto

Ilustrado por
María Sucre

Pedro tenía muchos libros favoritos, pero, últimamente, el
que más disfrutaba era el de los marcianos que venían a
pasar unas vacaciones en la Tierra. Esa noche le pidió a
su mamá que se lo leyera.

LO PRIMERO QUE HICIERON LOS MARCIANOS AL LLEGAR FUE IR A LA PLAYA PORQUE, COMO EN SU PLANETA NO HAY OCÉANOS, ERA ALGO QUE SIEMPRE HABÍAN QUERIDO VER.

ALLÍ PASARON EL DÍA HACIENDO LAS COSAS MÁS DIVERTIDAS: CONSTRUYERON CASTILLOS DE ARENA Y JUGARON EN LAS OLAS.

APROVECHANDO QUE LLEVABAN PUESTOS SUS CASCOS ESPACIALES QUE LES SERVÍAN DE ESCAFANDRAS...

SE SUMERGIERON EN EL MAR PARA VER LOS PECES Y LOS CORALES.

LUEGO, COMO EN SU NAVE LES RESULTABA MUY FÁCIL IR DE UN LUGAR A OTRO; VISITARON UN DESIERTO, PASEARON POR DISTINTOS BOSQUES Y EXPLORARON UN PAR DE RÍOS.

TAMBIÉN SE DIERON UNA VUELTA POR LAS MONTAÑAS. A LOS MARCIANOS LES HABÍA MARAVILLADO LA DIVERSIDAD DE NUESTRO HERMOSO PLANETA.

AUNQUE TAMBIÉN SE FIJARON
EN LO SUCIA Y MALTRATADA
QUE ESTABA Y POR ESO, AL
REGRESAR A CASA, SE SENTÍAN
DECEPCIONADOS.

Cuando terminaron de leer, la mamá le dio un beso de buenas noches y, justo cuando iba a apagar la luz...

—¡Mami, espera! una pregunta... ¿cómo nos llamarán los marcianos a nosotros?

—A ver... ellos son marcianos porque viven en el planeta Marte ¿cierto?, así que nosotros, que vivimos en el planeta Tierra, seríamos...

—¡Tierranos! —Gritó Pedro.

—Eso tendría sentido —dijo riendo y pensativa—, podría ser, pero la palabra que se utiliza es terrícola. Ahora a dormir, que mañana es tu cumple y tendremos un largo día de paseo.

A Pedro le pareció muy divertida esa palabra y se quedó
dormido repitiéndola en su mente: terrícola, terrícola,
terrícola…

Al despertarse, dio un brinco para vestirse rapidito y se puso su franela favorita. Estaba muy emocionado por el día que le esperaba.

Justo entonces entró su mamá para darle un abrazo de cumpleaños y le avisó que bajara a desayunar. Le había hecho su comida favorita: ¡panquecas con chispitas de chocolate!

—Señor cumpleañero, al terminar de comer prepare su morral —le dijo la mamá bromeando—. Y recuerda llenar tu botella de agua y meter una pelota, por si vamos al parque.

Su mamá le había prometido llevarlo a una juguetería para que escogiera su regalo. Como vivían muy cerca del centro de la ciudad, se fueron caminando.

Pedro quedó sorprendido por la cantidad de juguetes. Había muchísimos y de todo tipo. Se fijó en un robot electrónico que se veía muy divertido. Agarró la caja para verlo de cerca y notó que había un símbolo que él ya conocía.

—Mami, ¿por qué aquí sale una bandera de piratas?

La mamá se rio y le dijo:

—Esa calavera es una advertencia, el símbolo para las cosas tóxicas, ¿sabes? Como los venenos. La colocan en la caja porque el robot usa baterías que tienen dentro sustancias químicas. Si no tenemos cuidado, pueden contaminar el ambiente.

—¡Ah, ok! Entonces mejor escojo algo que no use baterías.

50
50
50
50
CLASSIC
500PCS/PZS
7+
CLASSIC
500PCS/PZS
7+
CLASSIC
ROB
ROB
CLASSIC
500PCS/PZS
7+

Era difícil decidirse entre tantas opciones, pero de pronto vio algo que le encantó.

Era una caja con cientos de piezas de diferentes formas y tamaños para construir lo que él quisiera. Con esto podría armar casas, barcos y hasta naves. Jamás se aburriría, era el regalo perfecto.

¡Qué suerte que cargaba su morral y tenía espacio para meterlo dentro! Lo bueno es que así, no tuvo que usar una bolsa de la tienda para llevárselo.

La próxima parada fue un lugar que él nunca había visitado. En el sitio había un letrero y unos contenedores muy grandes, cada uno de un color diferente. Estaba aprendiendo a leer, así que leyó en voz alta:

—Cen-te-ro-de-a-co-pí-o.

Su mamá soltó una risita y le aclaró:

—Se lee centro de acopio, hijito, es acá donde traigo nuestros reciclables.

—¿Reci qué? —dijo Pedro y se echó a reír, le pareció graciosa esa palabra.

—Reciclables. Son los envases que colocamos aparte en una cesta en casa, en lugar de tirarlos a la basura. Luego unos señores vienen a buscarlos y los aprovechan para fabricar otras cosas.

En ese momento supo qué llevaba su mamá en la enorme bolsa de tela que cargaba desde que salieron de casa.

PET

Entonces sonrió. Acababa de recordar su cuento favorito y pensó que reciclar las cosas pondría muy contentos a los marcianos para cuando volvieran a la Tierra.

—¿A dónde vamos ahora? —preguntó la mamá— Es tu cumple, escoge qué quieres hacer.

Cerca había un restaurante, de esos que tienen un área de juegos enorme dentro, y su mamá le propuso comer algo allí. Por un momento le entusiasmó la idea, pero enseguida recordó la gran cantidad de basura que vio la última vez que fueron. En ese lugar, todo lo servían en envases desechables y seguro que eso no les gustaría a los marcianos.

—¡AL PAAAARRRQUEEEEE! y jugamos con la pelota.

—Perfecto —dijo la mamá—, pero primero vayamos a comprar algunas frutas y galletas para llevar.

Pasaron por el supermercado y la mamá utilizó su bolsa reusable para meter lo que compraron.

El parque era grande, con mucho espacio para correr. Había árboles altos y frondosos que dejaban parches enormes de sombra, perfectos para instalarse a disfrutar del picnic.

—¿Quieres comer ahora o jugamos con la pelota? —preguntó la mamá.

—¡Picnic, picnic! —respondió entusiasmado—. Tengo muuucha hambre.

De pronto se escuchó un ruido entre las ramas y vieron a una ardilla bajar por el tronco hasta donde él estaba. La ardilla lo miraba curiosa y movía la cola. Se acercaba cada vez más, no parecía tenerle ni un poquito de miedo.

Pedro estiró la mano despacito para no espantarla y le ofreció un trozo de fruta que se estaba comiendo.

Al rato fue un pájaro que, de brinco en brinco, llegó muy cerca también. Cantó un poquito y se llevó una miga de galleta que se encontró. También una lagartija pasó corriendo por la manta y se detuvo un momento a mirarlo.

Era como si en el parque se hubiese regado la voz de la visita de un niño amable, de esos que cuidan la naturaleza y protegen a los animales.

Un buen terrícola, como dirían los marcianos.

Cuando se ponían de pie para ir a jugar con la pelota los sorprendió un sonido extraño que venía del cielo.

Al alzar la mirada quedaron boquiabiertos: una nave espacial muy brillante estaba suspendida en el aire.

De pronto, un rayo violeta se proyectó hacia el suelo y por él descendió flotando el marciano más pequeño de la familia. Llevaba algo en las manos y se les acercó.

Sin decir ni una palabra —porque, claro, no hablaba terrícola— le entregó al cumpleañero una capa de superhéroe que se había ganado por las decisiones que había tomado para conservar el planeta.

Es que los marcianos, con su tecnología avanzada, habían podido ver en sus monitores todo lo que él había hecho ese día.

Pedro se puso muy contento y pensó: "Esta vez los marcianos no se irán tan tristes".

Los marcianos habían encontrado a un niño que amaba la naturaleza y la protegía. Estaban seguros de que conocerían a muchos como él. Pronto, entre todos, harían lo necesario para que la Tierra sea de nuevo un planeta saludable.

Este cuento viene acompañado de una guía digital de actividades para explorar y descubrir, junto a los pequeños, las maravillas de la naturaleza.

Escrita por ©Susi Barreto y diseñada por @upendi.disenos

Escanea este código
para descargarla.

9 789801 838494